AF245837

# OÙ ALLONS-NOUS ?

PAR

## M. L'ÉVÊQUE D'ORLÉANS

MEMBRE DU SÉNAT

PARIS

CHARLES DOUNIOL ET Cᵉ, LIBRAIRES - ÉDITEURS

RUE DE TOURNON, 29

1876

# OÙ ALLONS-NOUS?

PARIS. — IMPRIMERIE VICTOR GOUPY, RUE DE RENNES, 71.

# OÙ ALLONS-NOUS?

PAR

Mᵍʳ L'ÉVÊQUE D'ORLÉANS

MEMBRE DU SÉNAT

PARIS

CHARLES DOUNIOL ET Cᵉ, LIBRAIRES-EDITEURS

RUE DE TOURNON, 29

—

1876

# OÙ ALLONS-NOUS?

## Par M. L'ÉVÊQUE D'ORLÉANS

MEMBRE DU SÉNAT

La légèreté française est célèbre : hélas ! à trop bon droit. Car y a-t-il un pays sur la terre où l'on oublie si vite et où l'on apprend si peu ? Nous avons beau passer par les plus terribles expériences : rien n'y fait ; les plus dures leçons tombent sur nous, sans laisser de traces ; et les ruines faites par d'épouvantables catastrophes sont encore là, sous nos yeux, que déjà nous regardons ailleurs, nous courons étourdîment à d'autres aventures. En vérité c'est bien de nous qu'on peut dire : « Ils « ont des yeux pour ne pas voir, et des oreilles pour ne pas « entendre. »

Le besoin d'oublier, pour se rassurer, laissant venir les plus redoutables événements sans rien faire pour les conjurer, c'est l'infirmité de la plupart des honnêtes gens parmi nous : cela seul peut expliquer comment, dans un pays aussi profondément troublé que le nôtre, quand le mal gagne de toutes parts, quand l'abîme si visiblement se creuse, et que tout nous y pousse comme fatalement, il y ait des gens qui osent nier le péril social, et d'autres qui refusent de le voir, ou du moins qui agissent comme s'ils ne le voyaient pas.

Les organes de la presse quotidienne ont beau apporter incessamment les plus effrayantes révélations : l'attention est ailleurs ; on ne sait pas, on ne veut pas savoir ; et quand ceux qui savent, parce qu'ils ont regardé et écouté, disent ce que l'état vrai des choses oblige à dire, ce sont ou d'inexplicables étonnements, ou bien la défaillance et la stupeur.

Certes, tels ne doivent pas être en face des périls qui s'approchent les sentiments et l'attitude des gens de cœur. Se rendre compte d'abord, bien voir où l'on en est et où l'on va, agir ensuite et lutter, voilà, aujourd'hui plus que jamais, le devoir des âmes viriles. C'est pour y aider que je publie ces quelques pages, à la fois comme un avertissement et un appel.

J'ai publié naguère un *Avertissement à la jeunesse et aux pères de famille* : dans cet écrit je signalais les théories, les systèmes, les grandes écoles d'athéisme, de matérialisme, de positivisme, de panthéisme ; je nommais les maîtres reconnus, les chefs renommés : c'était là l'impiété spéculative et savante.

Plus tard, je publiai *l'Athéisme et le Péril social*, et là, je dénonçais les progrès de ces doctrines, dans la jeunesse et dans les masses populaires ; leur vaste propagande, leurs conséquences antisociales, prochaines, inévitables.

Plus tard enfin, et avant nos grands malheurs, dans *les Alarmes de l'Episcopat, justifiées par les faits*, je continuai ces révélations douloureuses : et sans être prophète, il n'était pas nécessaire, j'annonçai les catastrophes qui ne tardèrent pas à éclater.

De prétendus sages trouvèrent ces avertissements intempestifs, et dirent que j'exagérais ; ils ne pouvaient nier toutefois ni les doctrines, ni leurs progrès ; ils nièrent les périls.

Les catastrophes annoncées n'en vinrent pas moins, plus terribles, au dedans comme au dehors, plus promptes, plus foudroyantes, que je ne l'avais prévu.

Eh bien, aujourd'hui encore j'ai à faire, non pas certes aux observateurs attentifs et sérieux, mais à la foule des esprits légers et distraits, ou fascinés, de nouvelles et plus graves révélations.

Car, ce qui caractérise l'heure présente, le voici :

On n'en est plus aux idées, aux théories, aux systèmes, mais à la haine de Dieu et à la guerre.

On ne se contente plus de nier Dieu et la religion, on les poursuit sans relâche, on les combat à outrance, on leur a déclaré une guerre à mort.

L'athéisme, le matérialisme, lèvent plus haut que jamais la tête ; l'irreligion, l'impiété, sous toutes les formes, ont les armes à la main ; que dis-je ? elles ne sont pas militantes seulement, elles paraissent triomphantes ; et ce qu'il y a de plus triste, c'est que, par la plus funeste des illusions, nombre d'hommes politiques, esprits honnêtes, mais confiants plus qu'il ne faut dans la force des institutions qui nous ont tant de fois trahis, et dans leur propre habileté, ne veulent pas voir ni que le péril religieux est là, plus proche, plus menaçant que jamais, ni que, nécessairement, le péril social suit le péril religieux.

J'écris pour le démontrer : sans déclamations, sans phrases, simplement par des faits et des textes, récents et péremptoires.

I

On s'étonne, quand certaines énormités politiques se pro-
duisent, quand M. Naquet, par exemple, ou M. Accolas,
celui-ci, comme on sait, patronné par Garibaldi, couvrent les
murs des programmes électoraux que nous avons vus.

Mais quand donc voudra-t-on comprendre, et ne plus
oublier, que les effets sont dans les causes, les conséquences
dans les principes, les catastrophes sociales dans les doctrines
d'impiété ; et que cela est vrai partout, mais surtout en France ?

« Le peuple, disait avec raison Félix Pyat, est un grand
« logicien, qui ne manque jamais de conclure. »

On a beau faire : l'existence de Dieu, l'existence et l'immortalité de l'âme, la loi morale, la liberté et la responsabilité humaine, sont les bases primordiales et profondes, non-seulement de toute religion, mais de tout ordre social : quand on
les ébranle, tout tremble.

Eh bien, il y a, en ce moment, des centaines de journaux en
France, des milliers de petits livres populaires, répandus à
des millions d'exemplaires, où, chaque jour, sous toutes les
formes, ces vérités fondamentales sont niées et bafouées, et
qui vont porter leurs négations, leurs sarcasmes et leurs haines
non pas seulement dans les salons, mais dans les usines, les ate-
liers, les cabarets et les chaumières.

Dans la *Politique positive* d'août 1872, on lit ces paroles
du citoyen Gabriel Mollin, ex-délégué au congrès international
de Bâle en 1865 :

Il faut que nous RENVERSIONS DÉFINITIVEMENT DIEU, si nous voulons relever l'humanité (1).

(1) Cité par *le Français* du 24 avril 1876.

Et dans un petit livre de la *Bibliothèque démocratique*, intitulé *Science et conscience*, une de ces innombrables publications à bon marché dont le peuple est inondé, je trouve les passages suivants :

Aujourd'hui, *par le progrès continu de la science*, qui ramène l'esprit humain aux réalités concretes, aux faits d'expérience, L'IDÉE DE DIEU COMMENCE A SE DÉFAIRE, *et déjà, comme les rois*, LES CULTES S'EN VONT (1).

En cela, ces deux écrivains démocrates répondaient au vœu émis par un professseur agrégé de la Faculté de médecine de Paris, qui fut depuis membre de l'Assemblée nationale, et qui est aujourd'hui député ; lequel écrivait dans les derniers temps de l'Empire :

L'IDÉE DE DIEU EST DÉJA BIEN ÉBRANLÉE... IL FAUT LUI PORTER LES DERNIERS COUPS (2).

Ce qu'un jeune athée de vingt-deux ans, pendant la Commune, traduisait ainsi en un style plus voisin de l'action :

NOTRE RÉVOLUTION DE 1871 EST ATHÉE... NOUS BIFFONS DIEU.

Cela était écrit dans un article commençant par ces mots :

Les chiens ne se contenteront plus de regarder les évêques, ils les mordront ; nos balles ne s'aplatiront plus contre des scapulaires, et aucune voix ne s'élèvera pour nous maudire le jour où nous aurons fusillé l'archevêque de Paris.

Mais continuons à citer la petite *Bibliothèque démocratique :*

*Rejetons très-résolument* TOUT CE QUI EST DIVIN. *Nous sommes sur la terre,* N'ASPIRONS POINT AU CIEL (3).
Ne cherchons donc jamais dans le *ciel*, MOT VIDE DE SENS, la rai-

---

(1) Louis VIARDOT, *La Science et la Conscience,* p. 108, n° 24 de la *Bibliothèque démocratique,* dirigée par M. Victor Poupin.
(2) Dans un écrit intitulé *De la Méthode.*
(3) Louis Viardot, p. 176.

son de ce qui se passe sur la terre. Disons aujourd'hui : « Aide-toi, *le ciel ne t'aidera pas* (1). »

De même qu'*avec la gravitation* IL N'EST PLUS BESOIN D'UN DIEU CRÉATEUR, qui mette et maintienne les astres en mouvement, de même, *avec la justice*, IL N'EST PLUS BESOIN DE PROVIDENCE (2).

Telles sont les impiétés dont les *Bibliothèques démocratiques* abreuvent le peuple : *L'Ami du peuple*, journal rédigé en Belgique par des réfugiés français, les répétait, cette année-ci même, 27 février 1876, sous la forme et avec l'accent que voici :

Notre logique se refuse d'*admettre* UN ÊTRE SUPRÊME, FAIT MONSTRUEUX, *en dehors de l'humanité.*

*Débarrassons-nous de ce* FANTOME DE NOS MISÈRES PASSÉES ET PRÉSENTES.

*Avec le dernier prêtre disparaîtra le dernier vestige d'abrutissement et d'erreurs* (3)...

Donc, plus de Dieu, dès lors plus d'âme, ni de vie future :

Ecoutons encore la *Bibliothèque démocratique* :

J'AI NIÉ LA CRÉATION, par les raisons directes que j'ai données ;... JE NIE LA PROVIDENCE, par les raisons directes que je donne ;... JE NIERAI L'EXISTENCE DE L'AME, par les raisons directes que je donnerai (4).

L'âme est *l'ensemble des fonctions de l'être animé*, LA RÉSULTANTE DE L'ORGANISME..., de même que DIEU EST LA RÉSULTANTE *des lois générales de l'univers* (5).

Ce que j'appelle *esprit*, c'est la MATIÈRE ORGANISÉE, vivante, pensante, en opposition avec la matière inorganique (6).

---

(1) *Ibid.*, p. 110.

(2) *Ibid.*, p. 170.

(3) *Manifeste du groupe révolutionnaire communiste de New-York, adressé aux révolutionnaires, aux communeux et aux proscrits de la Commune,* du 21 janvier 1876. (Extrait de *l'Ami du peuple* du 27 février.)

(4) *La Science et la Conscience*, p. 60.

(5) *Ibid.*, p. 118.

(6) *Ibid.*, p. 68.

Il faut lire maintenant une page d'un catéchisme démocratique, *le Petit Catéchisme du libre-penseur ;* nous verrons ce qu'il enseigne sur Dieu, sur l'âme, sur la nature et l'avenir de l'homme :

*Y a-t-il un Dieu?*
Négative et affirmative sont des conclusions également HYPOTHÉTIQUES, et, par conséquent, SANS VALEUR.
*Qu'est-ce que l'homme ?*
Qn'importe d'où vienne l'homme ? Qu'il descende de Dieu OU DU SINGE, cela n'influe en rien sur sa façon d'être.
*L'homme a-t-il une âme ?*
Comme tous *les autres animaux,* l'homme est pourvu *d'un cerveau...* Le cerveau est organisé pour penser, COMME L'ESTOMAC L'EST POUR DIGÉRER.
*Qu'est-ce que la pensée?*
Le produit de la DIGESTION CÉRÉBRALE.
*Qu'est-ce que la vie de l'homme?*
Une des phases des métamorphoses de la larve spermatozoïde.
*Qu'est-ce que la mort chez l'homme?*
Une nouvelle période des métamorphoses de la larve spermatozoïde.... Nous sommes bien toujours *le même animal,* d'abord VERMIFORME, puis POISSON, AMPHIBIE, VERTÉBRÉ, enfant, adolescent, homme, vieillard, puis vers : commment veut-on que, dans ces conditions, une fois morts, nons puissions avoir conscience...?

Comme conséquence de toutes ces belles doctrines, l'auteur prononce, dans sa *conclusion,* cet oracle :

Il faut une éducation virile, dégagée de toute idée métaphysique (1).

C'est-à-dire de toute idée de Dieu, d'âme et de vie future.

Je ne puis m'empêcher de remarquer que *le petit catéchisme du libre penseur* et la *bibliothèque démocratique* ne faisaient du reste en tout ceci que traduire ici les formules savantes des chefs de l'école :

(1) *Petit Catéchisme du libre-penseur,* pages 1, 4, 5, 6, 7, 15, 27, 29, 64.

L'âme est l'ensemble des fonctions du cerveau et de la MOELLE ÉPINIÈRE.

LA PENSÉE est inhérente à LA SUBSTANCE CÉRÉBRALE, tant que celle-ci se nourrit, comme la contractilité aux muscles, l'élasticité aux cartilages et aux ligaments jaunes (1).

Tel est donc le matérialisme de cette petite *bibliothèque démocratique*, et elle n'est pas la seule : il y a beaucoup d'autres *bibliothèques populaires*, où Dieu et l'âme, où Jésus-Christ et le Christianisme, sont à chaque page niés et blasphêmés.

Dans une Revue publiée à Bruxelles et à Paris, sous la direction de M. de Laveleye, professeur à l'Université de Liége, je lis :

Pour ne prendre que la condamnation de Jésus par Ponce-Pilate, qui donc oserait blâmer le procureur romain en Judée d'avoir livré UN FACTIEUX *aux lois* de son pays?

Poursuivons : point de Dieu, ni d'âme, ni de vie future; la conséquence est simple, point de morale; la fatalité, et rien de plus : les criminels sont irresponsables; il n'y a point de coupables, il n'y a que des ignorants et des malades; ceci est textuel ; voici ce qu'on écrivait dans les *Droits de l'Homme* en avril 1876, il n'y a pas encore deux mois; Il s'agissait d'un crime odieux, commis par un jeune scélérat encore sur les bancs du Lycée :

Cette affaire soulève une fois de plus la grave question de L'IRRESPONSABILITÉ DES CRIMINELS. Nous ne nous attarderons pas, quant à nous, à réfuter de nouveau la théorie incompréhensible DU LIBRE ARBITRE, à démontrer que CETTE PRÉTENDUE LIBERTÉ philosophique, tant prônée par les spiritualistes, n'est QU'UN VAIN MOT. Nous reconnaissons avec la science que la volonté de l'homme dépend d'une foule de causes extérieures, qu'un homme n'est pas coupable lorsqu'il commet un acte que réprouve notre conscience, mais que rend inévitable son organisation physique ou morale, et nous proclamons que cet homme ne peut pas être puni pour cet

(1) Dictionnaire des sciences médicales, art. Ame, Idée. ?

acte, QU'IL N'Y A PAS DE COUPABLES, qu'il n'y a QUE DES IGNORANTS ET DES MALADES (1).

C'est la thèse soutenue déjà à la Faculté de médecine de Paris par un de ses élèves, et dont la conclusion était que : Les coupables, ce ne sont pas les assassins ; ce sont les magistrats qui les condamnent.

On pourrait peut-être nous objecter : Mais cet athéisme et ce grossier matérialisme, c'est la queue de la démocratie. A quoi nous répondrions à notre tour qu'en révolution c'est la queue qui mène la tête, et qui même la dévore. Mais ce n'est pas seulement dans les bas-fonds de la démocratie qu'on prêche ainsi l'athéisme et le matérialisme, c'est aussi sur les hauteurs.

Il y a dans le parti qui a triomphé aux dernières élections un journal et des écrivains qui ont beaucoup joué la comédie de la modération, qui affectent une tenue grave, une attitude correcte, qui posent en hommes de gouvernement ; je veux parler des rédacteurs de *la République française*. Or, dans ce journal-là même, je trouve également la négation de la liberté et de la responsabilité humaine, et par conséquent de toute morale. Tout commentaire serait superflu, voici le texte :

Connaître les propriétés générales et spécifiques des différentes variétés de CELLULES NERVEUSES et les modes suivant lesquels elles réagissent les unes sur les autres, *par contiguïté ou à distance, c'est connaître* L'INTELLIGENCE, SOUS QUELQUE FORME QUE CE SOIT. Du moins, on ne peut faire plus dans l'état actuel de la science.... C'est par une simple illusion que nous croyons penser et agir comme nous voulons ; la vérité est qu'*il ne dépend point de nous de diriger nos idées en un certain sens, ni de les évoquer quand il nous plairaît*... Inutile de dire que ce MÉCANISME de la volonté EXCLUT COMME ABSOLUMENT CONTRADICTOIRE LA NOTION PUÉRILE D'UN LIBRE ARBITRE. *Si la direction de nos pensées nous échappe*, A PLUS FORTE RAISON PEUT-ON DIRE LA MÊME CHOSE DE CELLE DE NOS ACTIONS (2).

(1) Cité par l'*Univers* du 23 avril 1876.
(2) *La République française* citée par *Le Français* du 6 avril 1876.

Voilà ce que ces Messieurs nous donnent comme les oracles de la science; science fausse et absurde autant que corruptrice, dont les vrais savants se moquent, mais dont le peuple ne se moque pas ; car là où il n'y a que l'absurde, le peuple et les ouvriers auxquels cet enseignement s'adresse, soupçonnent des mystères de science ; et quant à ces Messieurs, c'est cette science qui doit servir de base à leur république *scientifique*, à leur *société scientifiquement constituée*, comme ils disent, et remplacer l'ordre moral dans leur prochain gouvernement.

Je comprends après cela que ces Messieurs se moquent agréablement, avec tant d'autres journalistes sceptiques, ou pire encore, de l'ordre moral : mais ces méprisables railleries n'empêcheront pas que, pour tout véritable homme d'État qui ne flotte pas au gré des sophistes, l'ordre moral ne soit et ne demeure le nécessaire fondement de toute politique honnête, de tout gouvernement sérieux, de toute société durable.

Et quand ces Messieurs veulent entrer dans les détails, voici où ils en arrivent; ceci est extrait encore d'une de ces nombreuses bibliothèques populaires, qui ont libre cours aujourd'hui, et en faveur desquelles le radicalisme demande la liberté absolue de la librairie et du colportage :

LA PUDEUR *a été inventée par les femmes mal bâties.* Il en est de même des PRINCIPES, qui ont besoin, *pour paraître quelque chose,* d'être enfermés dans l'ombre des tabernacles (1).

On lit dans la *République française* du 2 mai 1876 :

La *moralité* est chose tellement *relative* qu'en se plaçant au point de vue de la société enropéenne du XIX$^e$ siècle, nombre de peuples semblent en être fatalement ou en partie dépourvus, *tandis que plusieurs espèces animales en donnent des preuves éclatantes.*

(1) Yves GUYOT, *Les lieux communs,* p. 42.

Le *Petit Catéchisme du libre-penseur* enseigne la même chose, savoir que :

Le mal, comme le bien, est chose ESSENTIELLEMENT relative, *variant avec les conventious sociales* (1).

Telles sont les indignités dont on pénètre les masses : pour arriver au bouleversement social que l'on rêve, il faut la destruction de toutes les croyances, non-seulement religieuses, mais même rationnelles, admises dans tous les temps, chez tous les peuples, celles qu'un philosophe contemporain appelait *le patrimoine commun de l'humanité*, mais dont nos nouveaux maîtres veulent impitoyablement déshériter le peuple, afin d'en faire leur instrument aveugle. Tel est le but poursuivi non par quelques hommes, mais par un puissant parti ; but non plus dissimulé, mais étalé avec une audace qui se croit sûr e du succès.

Et pour y arriver infailliblement, il est une arme, souveraine, que beaucoup de complices inconscients du radicalisme veulent eux-mêmes leur remettre entre les mains, la grande arme de l'enseignement laïque et obligatoire. Laïque, c'est-à-dire athée. Non pas donné par des laïques, mais athée. Sans aucune notion de Dieu. L'école séparée de la religion, de toute religion, ç'a été le programme de la plupart des candidats radicaux. Oui, que tel soit le sens de cette formule aujourd'hui si en vogue dans la démocratie, il n'y a pas sur ce point un doute possible. En veut-on quelques preuves?

La question fut agitée, immédiatement après le 4 septembre, au ministère même de l'Instruction publique, dans une commission de dames, nommée par le ministre pour préparer une loi d'enseignement primaire : ces dames votèrent l'enseignement laïque, et voici ce qu'elles entendaient par là ; elles entendaient

(1) Page 54.

que, *dans l'enseignement de l'Etat*, il est impossible de conserver même L'IDÉE GÉNÉRALE D'UNE DIVINITÉ COMMUNE A TOUS LES CULTES ; et elles dirent pourquoi : c'est que Dieu est une HYPOTHÈSE, insaisissable, invérifiable, et qu'il ne faut pas faire reposer l'éducation de la jeunesse sur une telle base : « *Pour l'idée de cette divinité, pour l'hypothèse religieuse,* « *toutes les conditions de certitude nous manquent.* » Selon ces dames, « CETTE IDÉE DE LA DIVINITÉ NE CORRESPOND A AUCUNE CONNAISSANCE DÉTERMINABLE, *et ne peut par conséquent entrer dans le programme d'*AUCUNE ÉCOLE PUBLIQUE (1). »

Donc, dans l'éducation de la jeunesse, ce qu'on veut, c'est l'athéisme, l'athéisme absolu ; et l'enseignement *laïque* c'est l'enseignement *athée*. Cela fut voté par ces dames à la presque unanimité, au ministère de l'Instruction publique.

Aussi, tout récemment, un député naïf, M. de Lacretelle, ayant déposé sur le bureau de la chambre des députés, un projet de loi sur l'instruction primaire, obligatoire et *laïque*, avec la condition qu'on enseignerait aux enfants « l'existence de Dieu et l'immortalité de l'âme, » il lui fut immédiatement répondu par un journal radical :

Et *c'est un enseignement pareil qu'on a la prétention de faire passer pour* LAIQUE ! Qu'importe, avec ce programme, que « les instituteurs et institutrices » ne puissent appartenir à aucun ordre religieux ? Est-ce ainsi qu'on entend respecter *le droit de l'enfant* et cette liberté de la famille dont on a fait tant de bruit ? *L'athée et le matérialiste sont-ils donc irrecevables à protester quand on viole, dans leurs enfants, des* CONVICTIONS *sincères et* LÉGITIMES ? Puis, si *vous tenez absolument à* BONDIEUSARDIFIER *la jeunesse, dequel Dieu comptez-vous lui enseigner l'existence ?* Sera-ce d'Allah ou de Jésus-Christ, de Jéhovah, de Vichnou ou du grand Manitou ? Il faudrait le dire (2).

(1) *Rapport de la commission des Dames, par Madame Coignet.*
(2) Cité par *Le Français*, 8 avril 1876.

Ainsi donc, ces grands partisans de l'enseignement *laïque* ne se contentent pas de chasser de l'école les instituteurs religieux et les institutrices religieuses ; c'est l'idée même de Dieu et son nom qu'ils en veulent bannir ; et voilà ce que leurs auxiliaires doivent bien entendre, s'ils veulent savoir où vont ceux qui les mènent : pour eux l'enseignement *laïque* n'est pas autre chose que l'enseignement *athée*.

C'est ce qu'entendait *le Petit catéchisme du libre penseur* quand il disait :

Il faut une éducation virile dégagée de toute idée métaphysique.

C'est-à dire, de toute idée de Dieu, de l'âme et de la vie future :

Et aussi l'auteur des *Plaies sociales*, quand il répète à satiété, dans la *bibliothèque des travailleurs :*

L'enseignement religieux doit être *exclu* des établissements publics d'enseignement supérieur, *comme de tous les autres* (1).

Et aussi un des candidats aux dernières élections, M. Bonnet Duverdier, un des vétérans du radicalisme et qui a été, me dit-on, vice-président du conseil municipal de Paris :

Il faut SURTOUT fermer l'école à toute doctrine religieuse (2).

Telles sont les doctrines qui ont triomphé naguère aux élections de Paris, et dans un grand nombre de colléges électoraux de France.

Certes, on peut le dire, irrémédiablement léger et aveugle

(1) Page 221.
(2) Le *Rappel* 19 pluviôse, an 8.

celui qui ne veut pas voir quelle force ce courant d'impiété a acquise à l'heure qu'il est dans le pays ; j'ajoute qu'il en acquerra encore, infailliblement, grâce à tant de coupables connivences et à d'étonnantes complicités.

Comment des hommes qui ne se croient pas radicaux, et qui ne sont pas athées, sont-ils si imprudents et si coupables que de faire, par vains préjugés contre l'Eglise, le jeu même des athées et des radicaux !

II

C'est dans ces doctrines d'athéisme et de matérialisme qu'il faut reconnaître la véritable origine des haines féroces contre l'Eglise, dont nous voyons en ce moment de toutes parts la violente explosion.

On a parlé des congrès catholiques : c'est à des paroles prononcées là que MM. Barodet, Thulié dans sa *coalition cléricale*, Jules Ferry, le rapporteur de l'élection de M. Chesnelong, et tant d'autres, prétendent répondre. On sait assez cependant que la religion chrétienne, que l'Église, ne peuvent pas être ici responsables. Non, la vraie cause de la guerre est plus profonde.

J'insiste sur ce point, car il est capital : rien, selon moi, n'est mieux fait pour ouvrir les yeux à certains hommes, sincères, mais abusés, qui ne voient pas de quel parti, et de quels desseins, ils se font les complices, quand ils se laissent si facilement entraîner, par des apparences et des malentendus, aux défiances et à l'hostilité contre l'Eglise.

Ce qu'avant tout il faut bien savoir, c'est que les ennemis de l'ordre social ont besoin de renverser la religion pour réorganiser, comme ils l'entendent, la société française. N'oublions pas que le chef en France du positivisme, de l'athéisme et du matérialisme, a prononcé ces oracles : « Un dogme nouveau appelle un état social nouveau... un « régime nouveau... une morale, une politique, une religion « nouvelles... » Il se fait aujourd'hui par la science « une « régénération radicale qui, changeant toutes les conditions « mentales, changera parallèlement TOUTES LES CONDITICNS « MATÉRIELLES » de la société (1).

Le vrai péril de la société moderne, il est là, et pas ailleurs.

Tout cela est entré comme des adages dans la tête de tous les adeptes de la jeune école républicaine, de ceux qui veulent tirer des principes républicains, comme le dit M. Clémenceau, « leurs grandes et fécondes conséquences. » Voici comment parlait hier même le journal *les Droits de l'Homme*, qui s'est fait aussi l'auxiliaire de M. le Ministre de l'Instruction publique, dans sa campagne contre la loi d'enseignement supérieur et contre l'Église :

Vous êtes trop facilement libéral. Ce point de vue isolé de la liberté individuelle n'est pas seul en cause. Il y a aussi D'AUTRES BESOINS, D'AUTRES PRINCIPES, qui font partie de notre républicanisme.

L'ABOLITION DES FORMES RELIGIEUSES ET DES SUPERSTITIONS, LA PENSÉE LIBRE, ÉCLAIRÉE ET POSITIVE, LA MORALE INDÉPENDANTE, ne se réaliseront pas forcément, parce qu'on aura établi le droit commun pour tous et que les prêtres seront libres... IL NE DEVRAIT MÊME PAS Y AVOIR POUR LE CLERGÉ, si c'était possible en fait, DE DROIT A L'EXISTENCE (2).

Qu'on nous parle maintenant de cette distinction que les

habiles voudraient faire accepter ici entre la religion et ce qu'ils appellent le cléricalisme !

« La religion n'est pas menacée, osait dire naguère à la tribune M. Brisson, mais le parti clérical est menaçant. »

Flagrant mensonge ! Mais il sert d'excuse aujourd'hui à trop de gens imbus contre l'Église de vieilles rancunes et de vaines craintes ; il a joué et il joue encore un trop fréquent rôle dans les débats de la presse et de la tribune, pour que je ne m'en explique pas nettement, et que j'en laisse rien subsister.

Oui, flagrant mensonge, que démentent les faits les plus éclatants, les déclarations les plus formelles.

Ces jours-ci même les restes de M. Michelet étaient ramenés à Paris, et une manifestation avait lieu : *manifestation anticléricale*, disait l'orateur des étudiants, parlant alors comme M. Brisson. Mais comment l'entendait-il, et qu'est-ce que ce jeune homme et cette jeunesse voyaient dans M. Michelet ? Non pas l'homme qui a combattu un parti appelé le cléricalisme, mais l'homme dont tous les efforts ont eu pour but de DÉCHRISTIANISER *les races latines et de* CHASSER L'ÉGLISE *de la famille, de l'École et de l'État.* Voilà ce que signifiait pour eux cette manifestation *anticléricale*, et voici les textes :

> Camarades,
> Nous vous félicitons d'avoir conçu et réalisé la généreuse pensée d'envoyer dans notre cher et grand Paris des délégués chargés d'assister aux obsèques de notre illustre Michelet. C'est avec bonheur que nous avons vu *la jeunesse des écoles d'au delà de nos frontières et des départements* se ranger à nos côtés dans cette solennité funèbre, considérer comme un devoir de prendre part à cette *grande manifestation anticléricale*, et témoigner de ses sentiments en rendant pour ainsi dire les honneurs du triomphe aux cendres de celui dont tous les efforts ont eu pour but la « DÉCHRISTIANISATION » *des races latines* (1).

(1) Le discours a paru dans *Les Droits de l'Homme* et dans tous les journaux.

Il fallait l'entendre au collége de France, s'écriait *l'Avant-garde* (1), lorsque, entouré d'une jeunesse frémissante, sans soucis des lâchetés qui l'attendaient et du coup de force qui devait le frapper, il la poussait *au beau combat* et lui faisait prêter, *contre la Rome papale*, le serment qu'Annibal jura contre la Rome antique. Ainsi qu'aux yeux de Luther, Rome était pour Michelet la grande corruptrice, la source, la mère ou la complice de toutes les tyrannies. Ce sera l'honneur du grand écrivain de l'avoir dénoncée à la civilisation comme l'éternelle, l'implacable ennemie ; d'avoir voulu arracher au prêtre le cœur de la femme, de l'enfant, ET DEMANDÉ SANS RELACHE QUE L'ÉGLISE FUT CHASSÉE DE LA FAMILLE, DE L'ÉCOLE ET DE L'ÉTAT.

Voilà le cléricalisme dont il s'agit dans le plan et la haine de ces messieurs.

Et M. Quinet, le compagnon d'armes de M. Michelet, et naguère encore collègue de M. Brisson, est-ce le cléricalisme qu'il poursuivait, ou le Christianisme et l'Eglise catholique, quand il écrivait :

IL FAUT QUE LE CATHOLICISME TOMBE ! Ce cri commence à partir du vieux monde et du nouveau (2)...

Ou encore lorsqu'il citait avec admiration ce mot de Marnix :

IL FAUT ÉTOUFFER LE PAPISME DANS LA BOUE.

Et encore :

Que faut-il donc faire? Je vous l'ai dit. Je le répète, puisque vous ne m'avez pas entendu.

Sortez de la vieille Église, vous, vos femmes, vos enfants. Sortez, pendant qu'il est temps encore, avant qu'elle n'ait muré elle-même la porte.

Sortez ! et si par des événements que j'ignore, la providence vous tend encore une fois la main, sachez enfin la saisir (3).

M. Quinet trouvait qu'on n'avait pas su la saisir, cette main,

(1) 18 mai 1876.
(2) Introduction *aux œuvres de Marnix*, p. XI.
(3) *Ibid* , p. LXIII.

en 93 et en 48. Mais pour que la faute ne se renouvelât pas, il convoquait pour la destruction absolue du Catholicisme, non-seulement tout ce qui lui fait la guerre, mais *tout ce qui vit et tout ce qui respire* (1). Et il indiquait le point où il faut porter et concentrer tous les coups :

Si le XVIᵉ siècle a arraché la moitié de l'Europe aux chaînes de la Papauté, est-ce trop exiger du XIXᵉ qu'il achève l'œuvre à moitié consommée ? Est-ce trop demander de sa résolution, de sa force, ou de sa maturité (2) ?.

Il ajoutait :

Il s'agit de concentrer vos vues, vos forces, vos volontés dispersées sur le point unique qui est le centre..... l'EGLISE ROMAINE (3).

Et quels moyens indiquait-il pour accomplir cette œuvre? Il reprochait à la Convention de n'avoir pas su faire la guerre au Catholicisme, de n'en avoir pas *fini avec lui* (4); il disait qu'il faut EN RENDRE L'EXERCICE ABSOLUMENT ET MATÉRIELLEMENT IMPOSSIBLE, ET LUI OTER TOUTE ESPÉRANCE DE RENAITRE JAMAIS (5).

Il demandait formellement qu'on le mît HORS LA LOI, qu'on l'écrasât PAR LA FORCE, PAR LA FORCE AVEUGLE (6). Hors la loi, hors la liberté, hors la justice.

Qu'en pense M. Brisson?

Du moins M. Quinet, lui, ne cachait pas sa pensée, et ne venait pas nous dire qu'il ne poursuivait point la religion, mais seulement le cléricalisme. Que l'on veuille bien se reporter à

(1) Introduction, p. LII.
(2) *Ibid.*
(3) *Ibid.*, p. LIX.
(4) Introduction, p. XXXI.
(5) *Ibid.*, p. XXXIII.
(6) *Ibid.*, p XXXVII.

la date de ces textes, et je demande si devant ces paroles et tant d'autres, il n'est pas puéril autant que mensonger de venir à la tribune, comme le faisait il y a quelques jours M. Jules Ferry, nous expliquer les haines contre l'Eglise par le *Syllabus* et l'Encyclique , et par ce qu'il nommait, avec une tendresse aussi ridicule qu'inattendue pour la déclaration de 1682, *un nouveau christianisme.*

Tels furent donc les maîtres : les disciples aujourd'hui sont dignes des maîtres.

Le lendemain en effet de cette *grande manifestation anticléricale*, saisissant l'occasion de l'anniversaire, ou comme parle M. Sarcey dans *le XIXᵉ Siècle*, de « l'apothéose, » projeté de Voltaire et de Rousseau, les disciples de MM. Michelet et Quinet ont annoncé le dessein de fêter les deux grands ennemis du Christianisme par un Congrès universel d'étudiants, qui renouvellerait et compléterait le Congrès de Liége de 1865 :

Quel fut donc ce Congrès de Liége? Il importe de le rappeler, puisqu'il s'agit de le recommencer :

Matérialisme, athéisme, révolution, extermination, en quatre mots, le voilà.

« Moi, s'écriait le citoyen Regnard, je le déclare franchement, JE SUIS MATÉRIALISTE... nous rattachons notre drapeau aux hommes qui proclament le matérialisme : un homme qui est pour le progrès est aussi pour la philosophie POSITIVISTE ET MATÉRIALISTE. Deux drapeaux divisent le monde : l'un, celui de la réaction et DU CHRISTIANISME ; l'autre, celui du MATÉRIALISME et du progrès par la science.

Un autre, plus énergique encore, M. Lafargue, poussait ce cri :

« Guerre à Dieu, le progrès est là ! »

Un autre encore :

Il faut crever la voûte du Ciel comme un plafond de papier.

Avec l'athéisme et le matérialisme, on acclamait, avons-nous dit, à ce congrès, la révolution, la révolution socialiste :

La lutte, disait le citoyen Tridon, est en ce moment ENTRE L'HOMME ET DIEU, entre l'avenir et le passé. LA RÉVOLUTION SOCIALE, jusqu'à présent, dans ses diverses manifestations, n'a pas eu DE CONSÉ-QUENCES DURABLES.

Où est la réaction? Elle est à Rome, dans le palais des Papes ; là est son centre d'action, là nous devons l'attaquer ET LA DÉTRUIRE. *Le* CATHOLICISME *est le grand adversaire de la Révolution...* C'est à la Révolution qu'il appartient de L'ANÉANTIR. Mais LA RÉVOLUTION NE PEUT S'ACCOMPLIR QUE PAR LA FORCE, et cette force, elle est en nous.

Nous vaincrons !

Un autre :

Comme socialistes, nous voulons dans l'ordre religieux L'ANÉAN-TISSEMENT DE TOUTE RELIGION et de toute Église.

Arriver à la NÉGATION DE DIEU.

Dans l'ordre politique, nous voulons arriver, par la réalisation de *l'idée républicaine*, à la fédération des peuples et à la solidarité des individus.

Dans l'ordre social, nous voulons la SUPPRESSION DE LA PRO-PRIÉTÉ, L'ABOLITION DE L'HÉRÉDITÉ.

Je ne veux pas insister sur les paroles de M. Germain Casse, puisqu'il vient d'exprimer à la tribune le regret de les avoir prononcées. Il a dit que, jeune alors, sa parole avait excédé sa pensée. Je veux espérer qu'il regrette non-seulement les expressions, mais les pensées elles-mêmes ; et toutefois il est nécessaire d'en rappeler au moins quelques-unes pour constater quel écho les doctrines exprimées par lui rencontrèrent dans ce congrès, qui le couvrait d'applaudissements :

Qu'est-ce que la Révolution? C'est le triomphe DU TRAVAIL SUR LE CAPITAL, de l'ouvrier sur le parasite, DE L'HOMME SUR DIEU ! Voilà ce que nous voulons. *Voilà la Révolution sociale que comportent les principes de* 89, les droits de l'homme portés à leurs dernières conséquences.

Citoyens, je vous demande un serment. Nous sommes des hommes ; eh bien ! jurons HAINE A LA BOURGEOISIE, HAINE AU CAPITAL, DROIT AU TRAVAIL !

Mais laissons M. Casse, et écoutons M. Janson :

Les jeunes gens de nos jours ont presque abandonné la politique. Ce n'est pas ce qui se faisait jadis à Rome ̓et dans Athènes... De même nous avons vu à une époque fameuse, *où nous devons chercher des modèles de vie politique et de caractère*, les DANTON, les SAINT-JUST, les CAMILLE DESMOULIN, les MARAT, se lancer courageusement sur le terrain enflammé des révolutions !

De ces souvenirs de 93 passant à l'avenir de ses espérances, le jeune orateur s'écriait :

La France, cette reine du monde, se réveillera. Et je ne veux pas qu'on apporte ici, voilé de deuil, le drapeau de celle qui a été à la tête du monde.
Je veux qu'on apporte ici le drapeau qu'elle a toujours porté, qui a été celui de tous les démocrates français : LE DRAPEAU ROUGE !

Puis en même temps le citoyen Brismée indiquait les moyens de secouer le joug:

On nous prêche, disait-il, la tolérance : pas de tolérance !
S'il est besoin de la GUILLOTINE, nous ne reculerons pas.
Si la propriété résiste à la Révolution, il faut, par décrets du peuple, ANÉANTIR LA PROPRIÉTÉ. Si la bourgeoisie résiste, il faut TUER LA BOURGEOISIE.

On a parlé de guillotine, dit le citoyen Pellering ; nous ne voulons que renverser les obstacles. SI CENT MILLE TÊTES FONT OBSTACLE, QU'ELLES TOMBENT, OUI !

Il fallait un dernier mot pour résumer le congrès : le citoyen Jacquelard eut l'honneur de la conclusion :

Il est un congrès que nous hâtons de tous nos efforts, et qui sera d'une autre nature que celui de Liége. IL SE TIENDRA DANS LA RUE CELUI-LA, et NOS FUSILS CONCLURONT (1).

(1) Ces textes ont été reproduits très opportunément ces jours-ci par

Tel fut le congrès de Liége de 1865. Et comme il a porté ses fruits, il faut donc, sous les auspices de Voltaire et de Rousseau, le recommencer ; voilà ce qui a été demandé par la jeunesse des écoles :

Il y a déjà onze ans que les étudiants de Liége ont eu l'idée d'un congrès semblable à celui que je vous propose aujourd'hui. Ce congrès, nous pouvons le proclamer hautement, fut le signal du réveil, la diane de la démocratie. *Le retentissement des paroles prononcées à Liége vint secouer l'apathie des patriotes découragés.* (Applaudissements.)
Aujourd'hui comme alors, citoyens, nous sommes toujours devant le même ennemi. *Citoyens, le combat commence. Nous allons lutter et triompher.*

Mais contre qui le *combat ?* Quel est *l'ennemi ?* Toujours le christianisme sous le nom de cléricalisme. Ce *cléricalisme* qui, selon eux, *corrompt la jeunesse,* c'est l'Eglise ; ce qu'ils veulent, comme Michelet, c'est *la déchristianisation de la France ;* c'est chasser l'Eglise de partout, *de la famille, de l'Ecole, de l'Etat :* contre l'Eglise donc, s'écrient-ils, que « la jeunesse « se réunisse, et que, par une manifestation éclatante, elle « montre toute son horreur pour les doctrines du clergé (1). »

En présence de ces textes et de ces faits, je demande s'il se peut mensonge plus hypocrite, que cette distinction entre le cléricalisme et le Christianisme, sous laquelle les chefs du radicalisme essayent de se masquer ?

*l'Univers, le Français, la Gazette de France,* et plusieurs autres journaux. M. Paul de Cassagnac en a lu plusieurs à la tribune, dans la discussion du projet de M. Waddington.

(1) Je sais bien que M. le ministre, alarmé, a fait à cette occasion une circulaire ; mais cette nécessaire mesure qui, je le crois, n'empêchera pas « l'apothéose » des Coryphées de l'impiété, n'empêche pas non plus les doctrines que je signale de subsister dans les têtes des étudiants. Elles y sont ; les maîtres d'impiété les leur ont inculquées sous le nom de science, et ce n'est pas une circulaire ministérielle qui les leur arrachera.

Le *Rappel*, lui, l'a dit nettement :

Le cléricalisme est le fond du Catholicisme (1).

Les petites bibliothèques populaires le disent nettement aussi :

Les vrais révolutionnaires doivent avoir un criterium excellent : TOUT CE QU'APPROUVE L'ÉGLISE EST MAUVAIS ; TOUT CE QU'ELLE CONDAMNE EST BON (2).

Les vertus chrétiennes sont tellement l'*opposé* des vertus civiques qu'un *parfait chrétien* NE PEUT ÊTRE *un bon citoyen* (3).

Non moins franc a été devant la commission de la Chambre des députés l'auteur de ce projet de suppression du budget des cultes, déclaré, pour le moment, inopportun :

L'EGLISE CATHOLIQUE, a-t-il dit, est aujourd'hui UN FOYER DE RÉBELLION contre la forme actuelle de gouvernement, contre le régime de la société moderne.

Inutile d'insister : de toutes ces déclarations et de tant d'autres ne sort-il pas manifestement que la guerre au cléricalisme, c'est la guerre au Christianisme ?

Et quand M. Louis Blanc, dans un long discours où il accumule contre la foi, contre les croyances chrétiennes, les calomnies et les sarcasmes, s'écrie :

Aujourd'hui, comme toujours, le grand obstacle, le péril suprême, c'est le cléricalisme (4) ;

----

(1) *N° du 26 mars 1876, ou comme disent ces messieurs, 6 germinal an 84.*

(2) *Les Lieux communs*, page 108,

(3) *La Science et la Conscience*, p. 159. — En Allemagne les maîtres d'athéisme et de matérialisme ne parlent pas autrement. C'est ainsi que l'auteur de *la Religion de l'avenir*, Hartman, après avoir félicité la Prusse, d'avoir reconnu *que sa grande tâche historique consistait à reprendre la lutte séculaire contre Rome*, ajoute : C'est le dernier et désespéré combat de L'IDÉE CHRÉTIENNE, AVANT QU'ELLE SE RETIRE DÉFINITIVEMENT DE LA TRIBUNE DE L'HISTOIRE (*La Religion de l'avenir, par Hartmann, p. 31, 33, traduit par Maurice Verney.*)

(4) Discours aux électeurs du 5e arrondissement, en faveur de la candidature au conseil municipal du citoyen Engelhard, 9 octobre 1875.

Quand M. Madier de Montjau dit à son tour :

Au nom du patriotisme, écrasez l'ultramontisme (1) ;

Quand M. Challemel-Lacour dit de même :

De quelque côté que l'on se retourne, on voit travaillant à son œuvre LA GRANDE ARAIGNÉE (2) ;

Le cléricalisme, l'ultramontisme, la grande araignée, qui ne le voit? c'est le Christianisme, c'est la Religion, c'est l'Eglise.

Le pourrait-il nier M. Challemel-Lacour, lui qui, ces jours-ci mêmes, dans un discours sur les bibliothèques démocratiques, dénonçait sous son vrai nom aux haines populaires ce qu'il appelait *la puissance formidable du* CHRISTIANISME (3) ?

Quand donc le radicalisme, par l'organe de M. Gambetta, se proclame « respectueux de tous les cultes (4), » ou déclare, avec M. Brisson, que « la religion n'est pas menacée (5), » ou distingue, comme le faisait hier M. Barni entre « l'esprit clérical et l'esprit religieux, » le radicalisme ment à la France.

Et qui donc a parlé de « la lèpre dévorante du clergé? » Qui donc, dans le discours de Saint-Quentin, a déclaré que les croyances religieuses « amollissent et débilitent l'espèce humaine? » Quoi! dans votre discours de Lille, vous parlez de « l'Église, » et vous n'entendez pas, dites-vous, que « l'Église, » — non point le parti clérical, mais l'Église ! — « divise le « père et le fils, la femme et le mari, et souffle partout la haine « et l'insinuation calomnieuse ! » Mais qui donc souffle ici la haine et la calomnie, n'est-ce pas vous?

(1) Lettre à M. le directeur du *Censeur*, à Lyon, 15 avril 1876.
(2) Cité par *la Gazette de France.*
(3) *La République française*, 31 *mai* 1876.
(4) *Discours de Lille.*
(5) *Réponse à M. de Mun.*

Et nous dénonçant à toute l'Europe et particulièrement à la Prusse : « C'est là, je vous le déclare en toute vérité, « ajoutez-vous, qu'est le péril, non seulement français, mais « européen ; c'est le péril à redouter ; c'est là qu'est l'anar- « chie, le désordre et la haine. » Voilà comment vous respectez la religion !

Quoi ! vous ne soulevez pas encore contre les catholiques, contre les prêtres, contre les hommes les plus dévoués au peuple, les haines aveugles des ouvriers et des paysans, quand vous écrivez, dans votre journal, où la calomnie contre nous est en permanence :

« Le paysan n'a qu'à ouvrir les yeux pour voir que le cléricalisme est le centre de tous les mauvais desseins, le rendez-vous de toutes les conspirations. »

Et encore :

« Ne remarquant parmi les cléricaux que gens qui en veulent à sa bourse, le paysan, qui n'entend pas raillerie là-dessus, se met d'instinct sur ses gardes (1). »

Et encore :

« Les cléricaux gémissent sur le sort de l'ouvrier ; ils veulent paternellement lui restituer toutes les entraves, toutes les servitudes dont il jouissait dès le moyen âge, et dont 89 l'a brutalement dépouillé ; ils veulent le remettre en possession de toutes les tyrannies bienfaisantes, de tous les jougs tutélaires sous lesquels il était courbé (2). »

Je le demande, y a-t-il en France une classe de citoyens contre laquelle, sous le couvert d'un nom menteur, on excite plus persévéramment à la haine ?

Si une invention de cette nature avait cours contre la magistrature ou l'armée, contre une classe quelconque de Français,

(1) *La République française,* citée par *le Français.*
(2) *Ibid.,* 31 août 1875,

il y a longtemps qu'on y aurait mis ordre, et que ce mot de guerre, ce mensonge de la haine serait proscrit.

Oui, ce mot de clérical, ce n'est pas seulement une injure et un mensonge ; vous en avez fait le mot de passe de toutes les insultes et de toutes les calomnies. Ce genre d'invention du reste a toujours été, depuis 93, l'abominable tactique de votre parti en France, d'autant plus atroce qu'elle est lâche ; car s'ils avaient affaire à des sous-lieutenants, Messieurs les journalistes y regarderaient à deux fois avant d'insulter de la sorte.

Et d'autant plus lâche qu'elle s'adresse à des hommes qu'un vêtement particulier désigne à tous les regards, et, en temps de révolution, à tous les attentats.

Garibaldi, un de vos héros, le savait bien, lorsqu'il disait aux étudiants italiens :

Tout homme né sur cette terre devrait METTRE LA MAIN AU PAVÉ DES RUES... et se venger sur ces misérables hypocrites A SOUTANE NOIRE..., etc.

La Commune aussi le savait bien.

M. Barodet y pensait-il, et avait-il calculé la portée de ce qu'il disait, quand il prononçait ces paroles que je lis dans *le Rappel :*

« Que les républicains forment un bataillon carré contre L'INTERNATIONALE NOIRE (1). »

Et dira-t-il que ce n'est pas à notre foi, à nos croyances, au christianisme, à l'Eglise qu'il en veut, ce journaliste sceptique et haineux, qui, dans *le XIX^e siècle*, tous les jours et avec des titres à effet, tels que ceux-ci : *Le curé — le curé et le maître d'école — Monsieur le chanoine — les pots à beurre — c'est affaire de gros sous, — c'est toujours la même chose,*

_______________

(1) **28 pluviôse an 84.**

*— ça manque de musique — les libertés de la chaire, —
les aumôniers de régiment*, etc., etc., insulte, dénigre, calomnie, toutes les personnes et toutes les choses catholiques ;
tantôt osant dire qu'on *n'a pu faire le traitement de nos aumôniers* QU'EN ROGNANT SUR L'ORDINAIRE DES SOLDATS *;* ou encore,
raillant le soldat qui sert la messe de l'aumônier, et l'appelant
*soldat-bedeau, bedeau-soldat, l'ordonnance du bon Dieu*; ou
bien encore déclarant que *le colonel doit aller au rapport chez
l'aumônier;* et tantôt que *la détestable éducation* que nous
donnons aux femmes leur apprend *le mépris de la loi ;* tantôt
que *l'évêque, si on ne paie pas, délivre une dispense qu'il
sait par avance être frappée de nullité ;* tantôt encore *qu'il
y a en ce moment de trente à quarante mille prêtres en France
dont la meilleure occupation est de tracasser leur maître
d'école...*, etc. (1).

Non, on peut ignorer, — dans le calme étrange où tant de
gens se plaisent à vivre, — mais on ne saurait nier que la Franc-
maçonnerie, le positivisme et le radicalisme, font en ce moment les derniers efforts pour déchristianiser la France. Et
cela dans un détestable but politique. Toute une troupe d'écrivains, parmi lesquels des hommes, en ce moment sénateurs ou
députés, sont à l'œuvre, pour insulter et calomnier, par une
monstrueuse et criminelle exploitation de l'ignorance populaire,
le Christianisme ; et l'âpreté au gain de certains libraire aidant,
grâce aussi à l'habile organisation d'une propagande formidable, le pays est inondé d'affreux petits livres à deux, quatre
et six sous, où le plus grossier matérialisme, l'athéisme le plus
effronté, la haine la plus furieuse contre la religion chrétienne,
toujours sous le couvert du cléricalisme, font assaut de sottises,
de sophismes et de mensonges.

(1) Numéros des 5, 6, 21 février 1876 ; 1, 5, 14 mars 1876, etc.

Nous avons cité *Les lieux communs, Science et Conscience, Le petit catéchisme du libre penseur*. En voici un autre, dont l'auteur est M. Schœlcher, sénateur, et qui a pour titre : *La famille, la propriété et le christianisme :* son but est de démontrer que jamais doctrines n'ont *porté* à la famille et à la propriété *des coups plus mortels que celles de la religion chrétienne*. Est-ce le cléricalisme ou le Christianisme que M. Schœlcher attaque ici (1) ?

Et M. Barodet, celui qui veut marcher en bataillons carrés contre l'*internationale noire,* ce n'est pas la religion elle-même qu'il attaque dans ses *Lettres aux paysans,* quand il s'exprime ainsi sur le clergé, sur les *hommes noirs,* comme dans son urbanité il se plaît à nous appeler ?

*La noblesse et* LE HAUT CLERGÉ *vivaient dans la joie, le luxe et la débauche* (2).

Bien entendu, M. Barodet, qui écrivait pour préparer les élections, concluait par ces mots :

Vous allez bientôt user de votre droit de souveraineté, mes amis: *Vous devez repousser avant tout, comme une vraie peste, tous les candidats du parti clérical.*

Le radicalisme y met en France quelques façons : mais si l'on peut conserver encore un doute quelconque sur ce qui se

(1) Page 8. — Au reste, dans son étonnante érudition, M. Schœlcher traite les noms propres les plus connus comme il traite les textes et les doctrines : c'est ainsi qu'il parle, à plusieurs reprises, des lettres de saint François de Sales à MADAME DUCHANTAL, pages 79, 80, 81. — M. Schœlcher n'écorche pas moins saint Chrysostome, saint Ambroise et saint Bernard, quand d'après les textes mal compris qu'il cite, p. 75, il ose imputer à la doctrine chrétienne cette sottise : « Les plus grands esprits du christianisme ont pros-« crit la médecine avec l'usage de tout remède. » — Victor Poupin, 1875.

(2) Page 23. — M. Barodet ajoute, dans ces mêmes *Lettres aux Paysans* en parlant de l'ancienne noblesse française : *Quant à moi,* SI J'AVAIS LE MALHEUR DE DESCENDRE D'UN DE CES BRIGANDS... p. 18.

cache sous cette guerre au cléricalisme, qu'on écoute quelques-uns des radicaux belges qui, eux, ne craignent pas de parler net et clair :

Le devoir de TOUT VRAI LIBÉRAL est de travailler à ARRACHER. LES AMES A L'ÉGLISE (1).

Ces hommes HAISSENT LE PRÊTRE PRESQUE AUTANT QU'IL EST HAISSABLE (2).

Que d'autres qui se croient plus habiles *masquent leurs pensées* et se défendent de vouloir attaquer « la sainte religion » de leurs pères : nous disons, nous (avec Voltaire) : IL FAUT ÉCRASER L'INFAME ! FOIN DES VIEILLES ET ABSURDES CROYANCES (3).

Non, il n'y a pas d'illusions à se faire : il est manifeste que nous en sommes au fanatisme de l'impiété, et que, sous le nom de cléricalisme, c'est le Christianisme qu'ils attaquent tous, c'est à l'Eglise qu'ils en veulent, c'est la religion qu'ils outragent, c'est la *déchristianisation* de la France qu'ils poursuivent.

Gens habiles, bas donc les masques! Bons Prussiens, fêtez Voltaire, avec le grand Frédéric! Mais lisez la flétrissure que vous imprime un journal belge, favorable cependant à la république :

La lutte engagée par les chefs républicains contre LE CATHOLICISME *est aussi heureuse* POUR L'ALLEMAGNE *et sera aussi féconde* POUR ELLE *que le triomphe des armées allemandes en* 1870-1871 (4).

(1) *Flandre libérale*, citée par le journal de Bruxelles, 8 juin 1876.
(2) *Nouvelles du jour*, 25 août 1875. — *Ibid.*
(3) L'organe de *Namur*, septembre 1875. — *Ibid.*
(4) Cité par *Le Français*, 7 avril 1876.

## III

Et si l'on veut juger quelle a été la puissance de ce mensonge, ce qu'a fait l'hypocrisie du mot, descendant des maîtres aux élèves, et des chefs du radicalisme aux masses populaires, qu'on regarde aux dernières élections.

Réunions électorales, programmes des radicaux dans les comités, discours et professions de foi des candidats, tous poussent le même cri, un cri de guerre, la guerre à la religion. Pas un candidat radical, heureux ou malheureux, qui n'ait levé ce drapeau, depuis MM. Raspail, Spuller, Naquet, Lockroy, Barodet, Gambetta, Germain Casse, Brisson, Floquet, Clémenceau, jusqu'à MM. Malapert, Bonnet-Duverdier, Accolas, et tant d'autres, plus obscurs, non moins acharnés. Comme le disait un orateur des réunions électorales :

C'est un des grands enseignements de l'heure présente que de voir que, sur quelque point du territoire, par quelque main que les programmes soient rédigés, les aspirations qu'ils formulent sont identiques. Rien ne prouve mieux combien sont unanimes les aspirations de la démocratie (1).

Et à l'aide de ces programmes de haines contre l'Église, ils ont vaincu; et ils sont les maîtres; et ils ont tellement saturé le peuple de leurs incroyances et de leurs passions irreligieuses, qu'aujourd'hui la chose est faite, et voilà leur république identifiée avec la haine du Christianisme, avec la guerre acharnée contre la Religion.

(1) *Le Rappel*, 18 pluviôse an 84.

Qu'on en juge par les projets de loi déposés déjà sur le bureau de la chambre des députés :

La *suppression du budget des Cultes*, c'est-à-dire le dernier morceau de pain arraché aux 50,000 prêtres qui composent le clergé de France ;

La *séparation de l'Église et de l'État*, c'est-à-dire en réalité la main mise de l'État sur l'Église ;

La *suppression de l'enseignement religieux dans l'école*, ou encore l'*enseignement obligatoire et laïque*, c'est-à-dire tous les enfants livrés à un enseignement sans religion et sans Dieu;

L'*expulsion* prochaine *des religieux et religieuses de toutes les écoles publiques ;* et menaces à tous les ordres religieux (1) ;

*Mutilation de la loi d'enseignement supérieur ;* en revanche, corruption de cette loi par la *liberté absolue*, même pour les matérialistes et les athées, *des conférences et des cours ;*

La *liberté absolue des cabarets ;*

La *liberté absolue des clubs ;*

L'*abrogation de la loi sur le colportage ;*

Le *service militaire obligatoire pour les religieux et les prêtres eux-mêmes*, comme en Italie ;

Enfin, par un dernier outrage infligé au Saint-Père, la *suppression de l'ambassade française près Sa Sainteté.*

Et vont-ils s'arrêter ? C'est ce qu'il importe de se demander. Eh bien, non, et c'est sur quoi j'appelle la plus sérieuse attention des hommes vraiment politiques, de ceux qui ont quelque prévoyance : non, ils ne s'arrêteront pas. Ils sont vainqueurs; mais ils ne sont pas satisfaits. Ils n'ont fait qu'un pas, une première étape, dans leur marche en avant : qui le dit ? Écoutez le citoyen Lockroy parlant le

_________

(1) M. Keller ayant dit à la tribune *la suppression*, M. Clemenceau l'interrompit pour lui crier : l'*expulsion*.

6 février, 17 pluviose an 84, devant 2,000 électeurs du 11ᵉ arrondissement :

La constitution actuelle, s'écrie-t-il, n'est pas notre idéal.

Que veut-il donc?

Non pas telle ou telle république plus ou moins conservatrice, mais la république sans épithète, la république républicaine.

Plus explicite encore, le citoyen Clémenceau ne voit dans ce qui a été conquis qu'un *minimum*, mais il veut, lui, le *maximum* :

Les *républicains conservateurs* demandent à la République *son minimum*, NOUS SON MAXIMUM.

NOUS, LES RÉPUBLICAINS RADICAUX, nous l'avons toujours dit, nous voulons la république pour ses conséquences naturelles : *les grandes et fécondes réformes sociales qu'elle entraîne* (1).

M. Barodet entend bien réclamer aussi *le maximum*, et il a formellement déclaré à ses électeurs que le programme de M. Laurent-Pichat n'est pour lui qu'un *minimum*.

De même le citoyen Spuller, rapporteur du projet contre la liberté de l'enseignement supérieur :

Il faut déduire des principes républicains TOUTES *les conséquences politiques* ET SOCIALES. Il faut marcher au progrès, non pas révolutionnairement, mais avec prudence et sagesse.

A cette déclaration le citoyen Bonnet Duverdier, son concurrent, fit la réponse suivante, qui mérite d'être méditée :

La question aujourd'hui n'est pas dans les principes, — tous les républicains sont d'accord, — elle est dans le choix des voies et moyens :

Jl y a *deux méthodes* en présence dans le parti républicain... Pour nous, *la République n'est qu'*UN INSTRUMENT *pour arriver à* LA SO-

(1) *Ibid.*, 16 pluviôse, an 84.

LUTION DE LA QUESTION SOCIALE. Les deux questions doivent être indissolubles et inséparables (1).

A la Chambre, le même M. Spuller vient de dire, en faveur du projet même de M. Waddington :

Nous irons LENTEMENT, mais SUREMENT.

M. Clémenceau avait dit de même :

Il ne s'agira plus que de savoir s'il faut *accélérer ou ralentir* notre marche en avant, dans l'accomplissement depuis si longtemps poursuivi, de LA RÉORGANISATION DÉMOCRATIQUE ET SOCIALE DE LA SOCIÉTÉ FRANÇAISE (2).

Voilà donc où nous en sommes. Les vainqueurs du 20 février, maîtres de la situation aujourd'hui à la chambre des députés, sont tous d'accord sur *les Principes :* et ils veulent, non *la république conservatrice*, mais *la république radicale*, son *maximum*, non son *minimum, la république avec ses conséquences naturelles :* LES GRANDES ET FÉCONDES RÉFORMES SOCIALES QU'ELLE ENTRAINE, ET LA RÉORGANISATION DÉMOCRATIQUE ET SOCIALE DE LA SOCIÉTÉ FRANÇAISE.

Et si maintenant, séduits par la feinte modération de cette *jeune et sage république*, comme l'appelait M. Deschanels, et par le calme du moment, les honnêtes gens se laissent endormir, c'est qu'ils ont grand goût au sommeil : mais quel sera leur réveil, le jour où le radicalisme impie, ayant avancé pas à pas, et tout conquis, mettra soudain la main sur eux !

Ainsi donc, pas d'illusions : les programmes des dernières élections, et les projets de loi déjà présentés, tout cela, simples préliminaires, jeux d'enfants pour ainsi dire.

Le dernier mot, vous l'avez entendu, c'est celui de Michelet :

_______________

(1) *Ibid.*, 19 pluviôse, an 84.
(2) *Ibid.*, 16 pluviôse.

*La déchristianisation des races latines; l'Eglise chassée de la famille, de l'école et de l'Etat ;*

C'est celui de Quinet : *Il faut étouffer le Papisme dans la boue ;*

C'est celui de Garibaldi : *L'extermination des prêtres doit précéder le conflit, ou nous serions perdus* (1). »

C'est celui du Congrès de Liége de 1865, repris par les manifestants aux obsèques de Michelet : *Guerre à Dieu! Il faut crever le ciel comme une voûte de papier ;*

C'est celui des candidats aux dernières élections :

Aidez le patriotisme à ÉCRASER l'ultramontanisme (2) ;

Rappelons-nous les paroles des hommes de 1793, qui voulaient DÉCHRISTIANISER la France (3).

Tant que le cléricalisme, recevant son mot d'ordre de Rome, vivra à côté de la République, il cherchera à l'étouffer. PRENONS LES DEVANTS (4) !

C'est celui de ces hommes qui frappent à la porte des Assemblées, et qu'aux prochaines élections le flot du radicalisme y portera :

LE CHRISTIANISME DOIT DISPARAITRE DU MONDE CIVILISÉ, il a fait son temps et accompli sa tâche sanglante.

Citoyens, soyez sérieux, NE CROYEZ PAS AUX ÊTRES SURNATURELS, TOUTES CES MACHINES FONT RIRE DE PITIÉ ET DE MÉPRIS. *C'est pour entretenir le fanatisme et faire de vous des* SOLDATS FÉROCES, *prêts à marcher dans les grandes boucheries humaines.*

Est-ce que votre raison ne vous dit pas : TUE-LES ? Mais les prêtres disent qu'à Dieu seul appartient la vengeance. Ils mentent. LA VENGEANCE APPARTIENT A CELUI QUI SOUFFRE... Si vous aimez mieux, nous sommes LES INSTRUMENTS DE LA VENGEANCE (5).

(1) *Lettre à Aroldi*, Caprera, 2 septembre 1872.
(2) M. Madier de Montjau.
(3) M. Bonnet-Duverdier, *Le Français*, du 27 mars 1876.
(4) M. Barberet, rédacteur du *Rappel*, candidat à Saint-Denis. — *Ibid.*
(5) Glatigny, *dans l'Ami du Peuple, journal socialiste révolutionnaire de Liége, du 12 mars 1876.*

Et comment s'accomplira *la vengeance?*

Le mal occasionné par le clergé demeure impuni... SUS AUX PRÊ-TRES CATHOLIQUES (1)?...

*Les forteresses de la superstition, du fanatisme, s'appellent couvents, monastères, séminaires, grands et petits, presbytères, chapelles, sanc-tuaires, églises cathédrales. Tous ces antres de la théocratie, toutes les pagodes catholiques doivent disparaître ;* nous ne devons pas souffrir, nous les ennemis du catholicisme, *qu'une de ses basiliques se dresse sur la terre pour menacer nos croyances philosophiques.*

*Brûlons les emblèmes de l'idolâtrie romaine,* confessionnaux, croix et bannières, statues et images, missels, scapulaires, amulettes et reli-quaires ; *détruisons de fond en comble couvents, monastères, séminai-res, presbytères, chapelles, sanctuaires, églises et cathédrales.*

*Mais l'œuvre de justice ne devra pas souffrir de retard pour son ac-complissement aux époques de révolution.* Dans le même jour où le peuple sera victorieux, *il devra procéder à l'embrasement des repaires du fanatisme dans les villes et dans les campagnes, sur tous les points à la fois* (2).

On a besoin de faire effort pour continuer ; il le faut cepen-dant :

« *Voici de quelle manière, peuple, il faut opérer pour détruire les forteresses de la superstition :*
« A l'intérieur des monuments tu placeras un lit de pailles, de poutres, de débris de bois; sur sur ces matériaux tu auras soin de disposer, *à des intervalles de cinq ou six mètres, des barils de pétrole, d'huile, de goudron ou d'essences ou d'alcools,* ou tout ce que tu auras à ta disposition pour alimenter l'incendie. Une étincelle suffira pour faire éclater l'embrasement. La chaleur intense produite par l'amon-cellement des matières inflammables calcinera les pierres, trans-formera les marbres en chaux, fera couler en laves ardentes les supports en fer et en fonte; les édifices s'abîmeront sous leur pro-pre poids. »

Mais, me dira-t-on, c'est la frenésie de l'impiété ; soit. Eh

(1) Citées par *le journal de Bruxelles* du 8 juin 1876.
(2) Extrait de *la Gazette de Liége,* cité par *le Bien public,* de Gand, n° du 23 février 1876.

bien, voici ce que dans un style plus distingué écrivent des professeurs d'université ; citons d'abord la revue publiée par M. de Laveleye, dont la *Revue des deux Mondes* publie volontiers les articles :

Croire que *la libre discussion* suffira pour nous donner la victoire, c'est une chimère dangereuse et fatale...

Ne perdons donc pas notre temps à essayer de convaincre nos adversaires...

Nous croyens avoir raison, cela suffit.

Du reste, cette tendance à *laisser de côté la liberté*, comme auxiliaire dans la lutte sociale, se fait jour de plus en plus...

Non, si les libéraux belges veulent sauver leur pays et leurs idées, il faut qu'ils recourent à DES MOYENS PLUS ÉNERGIQUES.

Sans doute il ne s'agit pas de faire des martyrs... ; mais LA PRISON, LES AMENDES ET LE BANNISSEMENT sont des armes légales ; POURQUOI NE PAS S'EN SERVIR ?

Encore une fois, *la liberté*, la tolérance, *la libre discussion* et les innocentes railleries de nos voltairiens *ne nous feront pas gagner un pouce de terrain dans cette lutte.*

... Il faut que nous sachions USER DE LA CONTRAINTE.

*La vérité*, C'EST NOUS QUI LA CRÉONS ; LES NÉCESSITÉS SOCIALES, C'EST NOUS QUI LES DÉFINISSONS.

Comment? PAR LA FORCE ; c'est LA FORCE seule qui dans ce monde crée et conserve, c'est elle qui fixe les nécessités sociales ET LES RÈGLES DU DROIT ; car UN DROIT SANS FORCE N'EST QU'UN MOT. Quoiqu'on en dise, non-seulement LA FORCE PRIME LE DROIT, — ce qui du reste ne signifie pas grand chose, mais LA FORCE, *c'est le droit* (1).

Telles sont les théories proclamées dans la revue de M. de Laveleye, cet illustre professeur de libéralisme :

Voici un autre libéral :

En lisant le récit des exploits (sic) de 93, nous n'éprouvons aucune horreur ; *nous désirerions plutôt* QU'ILS SE RENOUVELASSENT, si la chose pouvait se faire sans heurter la conscience publique (2).

---

(1) *Revue de Belgique*, publiée sous la direction de M. Emile De Laveleye, professeur à l'Université de Liége.

(2) M. Laurent, professeur à l'Université de Gand, *Études sur l'histoire de l'humanité.* (*Journal de Bruxelles.* 8 juin 1876.)

Voilà pour la religion.

Après la religion, voyons ce que ces Messieurs réservent à la société :

Qui n'a remarqué, dans les programmes des dernières élections, les projets de *réforme judiciaire*, d'*élection des magistrats par le peuple*, de *divorce*, de *réforme démocratique du code*, de *réorganisation de l'impôt?* M. Gambetta a bien aussi télégraphié un jour : « Nous déposséderons, s'il le faut, la Banque de France. »

Mais tout cela n'est encore que le *minimum*,

Lorsque le moment sera venu de tirer de la déclaration des *Droits de l'homme* LES DERNIÈRES CONSÉQUENCES, et de *réorganiser* la société française *démocratiquement* et *socialement*, comme disait M. Clémenceau ; *scientifiquement* et avec *les nouvelles couches sociales*, comme a dit M. Gambetta; c'est alors que, sur les ruines des temples, le cri du congrès de Liége : *haine au capital, droit au travail, mort à la bourgeoisie*, se fera de nouveau entendre : et dès maintenant, n'entendons-nous pas, dans *l'Ami du peuple*, la glorification éhontée des plus abominables attentats de la Commune? Qu'on lise ce qui suit, et que nous citons sans commentaire :

Nous l'avons entendu, et, malgré l'espace et le temps, nous l'entendons toujours ce cri des *communiers* de Paris, cri revendicateur. Eh bien ! ce cri que nous lèguent des bouches expirantes, précieusement je le receuille et m'écrie à mon tour: *Oui, vive la Commune!* C'est-à-dire, vive le droit, vive la justice, vive l'égalité, vive la solidarité, vive l'humanité affranchie et régénéré !

Revenons aux otages. Nous y tenons....

*Les voilà ces innocentes victimes !* la chair de votre chair, que, *dans votre secrète joie,* vous pleurez hypocritement. *Les voilà cette soixantaine de cadavres qui vous servent de chantage, autour desquels vous aboyez comme des bateleurs !...*

Et enfin :

Nous avons été battus, ils se sont réjouis, mais nous n'avons pas été vaincus ; qu'ils tremblent!
Non, nous n'avons pas été vaincus : Nous sommes toujours là, debout sur la brèche et *toujours prêts à recommencer la bataille ;* nous ne capitulerons pas ! Notre devise est celle-ci : *la Commune ou la mort?*
Vive la Commune !

Et l'*Ami du Peuple* ajoute que, pour se venger des Versaillais, ce n'est plus seulement 100,000 têtes qu'il faut, comme le demandait le Congrès de Liége : Non, *pour leur rendre, selon la loi du talion, dent pour dent, œil pour œil,* IL NOUS FAUT, disent-ils, 230,000 TÊTES (1).

Un nouveau journal conservateur, la *Défense sociale et religieuse,* le disait donc avec raison, dans son programme :

On est forcé de le constater : La Révolution s'est organisée et s'organise chaque jour dans des proportions formidables : elle couvre de son réseau, et des innombrables ramifications de ses sociétés fédérées entre elles, tout le territoire. La république conservatrice, rêvée par quelques conservateurs, tombera aux mains des plus violents radicaux, et de ceux-ci aux socialistes, qui sont prêts, il n'y a qu'un pas.
Oui, l'armée anti-sociale est sur pied, et au signal donné, elle recommencera ses sanglants exploits sur toute la surface du pays. C'est ce que disent à haute voix les survivants de la commune, ceux-là mêmes qu'un coup de révolution, s'il venait à réussir, rendrait de nouveau et immédiatement maîtres de la France ; et ce serait alors une nouvelle Terreur, qui laisserait bien loin derrière elle ses devancières.

(1) *L'Ami du peuple* du 20 mars 1876.

## IV.

Il existe donc, en France, une vaste et profonde conspiration, qui poursuit deux buts, la DÉCHRISTIANISATION DE LA FRANCE pour arriver plus sûrement à LA RÉORGANISATION DÉMOCRATIQUE ET SOCIALE DE LA SOCIÉTÉ FRANÇAISE. Après dix-huit siècles de Christianisme, on en est là ; après les ruines épouvantables dont ces doctrines, deux fois triomphantes, en 93 et en 71, ont deux fois couvert Paris et la France, on en est là. On en est là dans le pays autrefois le plus catholique du monde, dans cette nation appelée si longtemps la fille aînée de l'Église.

Et cependant ce n'est pas là peut-être ce qu'il y a dans la situation actuelle de plus douloureux, et de plus redoutable. On le sait, la vie et la mort luttent sans cesse au sein des peuples. C'est la loi de l'histoire et la condition de l'épreuve humaine. Quand le mal est reconnu et constaté, à moins qu'il n'ait déjà irrémédiablement envahi et dévasté tout l'organisme, on peut le combattre et le conjurer. Mais quand une nation en arrive à ce degré d'égarement, que les coups de foudre au lieu de l'éclairer l'aveuglent ; qu'elle ne sent plus le mal qui la dévore ; quand on appelle le bien mal, et le mal bien, et qu'on prend le poison pour le remède; quand de plus, par une désorientation inconcevable des esprits et des consciences, l'ennemi trouve des dupes et des auxiliaires dans ceux-là même qu'il menace, et qui devraient réunir contre lui tous leurs efforts, n'y a-t-il pas lieu alors de se demander si une telle nation est encore guérissable, et si le mouvement, lent ou rapide, qui l'emporte aux abîmes, n'est pas devenu irrésistible ?

Les ennemis déclarés de la religion et de la société n'osent réaliser encore tout leur programme; ils sentent que la France reculerait épouvantée ; ils veulent, nous disent-ils eux-mêmes, aller *lentement* afin d'arriver plus *sûrement*. Je m'adresse à ceux qui se sont faits ou se feraient de quelque manière que ce soit, leurs alliés ou leurs complices, et je leur dis : Qu'importe que vous les aidiez, sans le savoir et sans le vouloir, à franchir les intervalles, à fournir les premières étapes ? Ce ne sont pas les intentions, ce sont les actes qui sauvent ou perdent un pays. Et que l'on soit leur auxiliaire, inconscient ou volontaire, si de fait on l'est, qu'importe ? Un pays n'en périt pas moins par de telles défaillances et de telles complicités.

Non, jamais il n'y eut un moment où il fut plus nécessaire de vivre, d'agir, et de voter la main sur sa conscience, de peser les conséquences de ses actes, de prévoir les suites certaines d'une attitude et d'une conduite. Il faut comprendre jusqu'où on laisse inévitablement aller les choses avec certains compromis, certaines alliances intéressées, certaines habiletés du présent, qui sont les trahisons de l'avenir. Quand je jette un regard sur l'histoire et sur les malheurs des peuples, je vois que c'est toujours grâce aux complices que les grandes causes ont péri.

Que chacun donc fasse son devoir, comme au jour d'une bataille. Que chacun reste fidèle à sa devise et à son poste. Qu'on ne craigne pas de braver les impopularités nécessaires. Résistance invincible à toute loi antisociale, comme à toute loi antichrétienne : l'union et l'énergie, pour la défense de toutes les causes sociales et religieuses, voilà plus que jamais le devoir des honnêtes gens, à quelque parti qu'ils appartiennent. Serrons nos rangs, ne nous laissons pas entamer, et, que le radicalisme, par aucune illusion, par aucune surprise, ne vienne à se glisser et à faire insensiblement brèche parmi nous.

J'ai vu des inondations, je sais ce qui arrive alors. L'eau s'insinue d'abord goutte à goutte dans les interstices de la digue ; puis elle pousse çà et là des jets menaçants ; puis tout à coup, une partie de la digue cède ; le flot passe : c'est fini ; aucun effort humain ne peut plus s'opposer au désastre ; tout est emporté et submergé.

N'attendons pas ce moment fatal. Le flot monte, la digue fait eau, qui ne le voit ? Courons, tous, conservateurs de quelque nuance que nous soyons ; empêchons l'eau de filtrer, et le flot de jaillir, et la brèche de se faire : plus tard, ce serait trop tard ! Nous péririons tous dans un même naufrage. Car, dans l'inondation du radicalisme, ce n'est pas seulement l'église de France, c'est la société elle-même qui serait menacée de disparaître dans une de ces ruines dont on ne se relève pas.

Certes, il ne m'est pas agréable d'écrire de telles choses : je l'ai fait pour obéir à ma conscience, et, en le faisant, comme dit l'Écriture, j'ai délivré mon âme. Que tous ceux qui en ont le devoir fassent de même.

PARIS. — IMP. VICTOR GOUPY, RUE DE RENNES, 71.